AF284076

2020

978-3-3751-9504-9

Bibliografische Information der Deutschen Nationalbibliothek:

Die Deutsche Nationalbibliothek verzeichnet diese Publikation in der Deutschen Nationalbibliografie; detaillierte bibliografische Daten sind im Internet über http://dnb.dnb.de abrufbar.

Herstellung und Verlag: BoD – Books on Demand, Norderstedt
ISBN: 978-3-7519-5323-8

Inhaltsverzeichnis

LEBENSLIEDER .... 62 – 80

WEITERE WERKE DES AUTORS, Verzeichnis   125 - 126

COGITATIONES POETICAE NATURA

unter platanen[1]

sitz aun da soizåch,
schau gråd die wöön nåch
des is a wåhre fraid
de sun geht glai unta,
die nåcht wird schã munta
am steg då san so vü lait

so an åmbd is wås I måg
waunn I nua då sitz,
auf meina keibaunk -
bin I im paradais
jed'n tåg waun die sun
saumft hintan tuam geht
a scheenes woames åm'ndlicht
üwa da bruck'n zabricht

drunt auf'm schoda,
a kind mit seim voda
und so vü aund're lait

---

[1] Dieser Text ist der in Ray Davies Rockballade " Waterloo Sunset" (1967)
vermittelten Stimmung, beim Blick auf die Themse, nachempfunden
1.Strophe:
"Dirty old river, must you keep rolling, rolling into the night
People so busy, make me feel dizzy, taxi light shines so bright
But I don't, need no friends
As long as I gaze on Waterloo Sunset, I am in paradise
Every day I look at the world from my window
Chilly chilly is the evening time, Waterloo sunset's fine ". (Ray Davies 1967)

a hund rennt di wön nåch
drunt aun da soizåch
jetzt weans no ålle wåch

so an åmbd is wås I måg
waun I nua då sitz,
auf meina keibaunk
bin I im paradais
jed'n tåg waun de sun
saumft hintan tuam geht
a scheenes woames åm'ndlicht
üwa da bruck'n zabricht

ansere ahnen,
unta platanen
hait san se ålle då
I bln gaunz lãgsåm,
mia foit boid's herz zaum
heit geh' I nimma wait
so an åmbd is was ma meŋg
Waun olle zaum san
unta de keibam
samma im paradais   Oktober 2018

11

"Whan that Aprill ......" [2] [3]

Wenn April mit seinen milden Tropfen
Märzens Kühle bis zu Wurzeln tränkt
Jeder Blumenader süßen Saft verleiht
Und alle Pflanzen wundersam belebt

Wenn Zephyr mit lauem Atem
Wald und Feld mit zartem Grün bedeckt
Wenn junge Sonne ziehet über Wipfel zart
Und Vögel übermütig ihre Lieder zirpen

Dann ist's Zeit zur inner'n Wallfahrt
Deine Seele neu zu finden
Sei es im Frieden deines Hauses
oder fernab, an stillen Stränden   April 2017

---

[2] **Antwort auf HansPaul Fussek:** „die ersten wärmenden, und die gschaftlereien, weit weg von kunst, reines getue, so angenehmes getue, und nicht putzen, vielmehr gestalten, rumtun, laune drachensteigig wie bei pfeiffendem wind, wunderbare weine heimgekarrt, shrimps und käse, brot. sonne, sonne, dankbar kniend. diese tage diese ! schönes bauchgefühl euch gewünscht.
hanspaul 03 2017

[3] Frei übertragen aus dem Prolog der „Canterbury Tales" , (anno 1387) von Geoffrey Chaucer „*Whan that Aprill with his shoures soote the droghte of March hath perced to the roote ...*"

Neulich im Garten

Neulich, im Garten,
Nahm Apfel vom Baum
Schnitt durch pralle Frucht
Durch weißes Fleisch

Karamell und Rosenduft
Aus beiden Hälften strömte
Teilte ein Stückchen
Mit ihrem süßen Munde

In glänzende Augen
Meines Kindes blickend
Flog mir das Leben entgegen
Fürstenbrunn, August 2018

Augustäpfel

Augustäpfel trotzten Juni-Hagel
und sind jetzt, Anfang Juli,
schon überwiegend reif.
Reif für köstlich buttrigen Mürbteig-
Apfelstrudel.
Duftend' Wonne auf stolzem Kuchenblech,
ḳaum zwei Tage Aroma verströmt -
schon Seufzer speiend verzehrt.

Fürstenbrunn, Juli 2018

Unter dem Walnussbaum

Wenn der heiße Juniwind
Wühlend durch das Blattreich zieht
Lässt dies das Geäst
Diese silbrig-grauen
Wettertrotzenden Kronenarme
Gänzlich ungerührt

Mich jedoch, da ich versuche
Mich bemühe, grüne Fruchtkörper
In ihrer unreifen Prallheit
Zu zählen und zu bewundern,
Mich, durchfährt ein warmes Kribbeln
Vom Nabel bis hinan zur Brust

Ein kühl-warmes Gänsehautgefühl
Links durch kahle Achsel
Dann durchs Soma kreiselt
Und mir von der Kraft der Walnüsse
Dieser seltsamen Gesellen
Allerlei Geschichten injiziert

Geschichten von Tinkturen
Von grün-herben Köstlichkeiten
Von Likören und Geisten,
Hedon und Lukullus zu Diensten
Wenn diese zu sehr gewütet
Geschichten flaumiger Genüsse
Und manch süßer Träume

Die uns verzücken wie geheime Kraft
Von Nord bis Süd von Ost nach West
Erdumspannender Lebenshauch
Ungebrochen, seit frühester Zeit
Wie jeder beseelte Spross, der uns umgibt
Wahre Geschenke göttlicher Natur

Rhodos, Juni 2018

Griechenland

Wenn Frühstück mit Meer
Und Sonne mit Mittag verschmilzt
Und du nicht weißt, ob Abend oder Mittag ist,
Dann bist du wahrscheinlich in Griechenland

Dort ist immer Frühstück, Mittag- und Abendes-
sen
Sonne und Meer
Und nix wissen, meinen oder wollen

Faliraki, Juni 2018

In meinem Garten

Schau doch her
Früchte strahlen schwer
Trauben, Äpfel, Bohnen
Ich möcht' in Ihnen wohnen

Fürstenbrunn, Sept 2017

Jahresreise

Zum Schleier-blauen Januar
Gesellt sich stramm der Februar
Erblüht sogleich in Märzens Kraft
Wenn Aprilis Frühling hat geschafft

Alles frisch und neu erschafft der Mai
Es folgen Jun' und Jul' wohl in der Reih'
Augustus kann sich nicht entscheiden
Muss an scheidend Sommer leiden

September füllet reich manch welken Schober
Zum Bersten voll dann im Oktober
Es folget grau-reif-müde Mond November
Contrapunto verzaubert uns Dezember

Okt 2017

Juni Abend

Längst verwelkt holder Flieder
Holundererblüte duftet süß entgegen
Amseln flöten wohlig runde Lieder
Zarte Wolken künden lauen Regen

Lauer Hauch im grellen Laube
Spült ganz warm eiskalte Haut
Am Stock entsteht manch süße Traube
Im Herbst sie wohl die Seel' erbaut

Jetzt wird das Lüftlein leise frischer
Zu schwach zum Nässe bringen
Indes am Teich da jauchzt ein Fischer
Manch Fische ihm entgegenspringen

Jetzt, kaum vernehmbar aber stet
Ein Tropfen deutlich auf dem Dache
Gemach in holdes Drippeln übergeht
Sogleich den Träumer ruft zur Wache

                    Fürstenbrunn, Juni 2017

Laues Tal[4]

Graumelierte Zacken
Weiß Blessen
Blinkt kühner Berg
Und seine Brüder
Aus blanker Maisonne
In sattes Grün
Reifender Täler

Hinter Vicone[5]
Vor Juvavum
Thronen sie
Aeonenschwanger
Keltenreich
Lichterweich
Alpenlau   Mai 2017

Freudenzeit zum Frühlingserwachen

Wenn der Brunftschrei des Pfauenhalters erbebt
die Ente den Erpel strap-on besteigt,
Wolkenschiffe den Himmel erfreuen
die Sonne durchs erwachende Geäste streift -
dann ist Freudenzeit! DANKE!   April 2017

---

[4] Blick auf den Göll – von der Terrasse der Therme Vigaun aus betrachtet
[5] Vicone (< vicus = Dorf), lateinische Bezeichung für Figun > Vigaun.

Reflexionen
Empörungen

Lyrik

Das mit der Lyrik ist so 'ne G'schicht
Kriecht durch Poren wie die Gicht
Zäh konzentrierter Blasendunst
Der sich durch die Sphären brunzt

Essenz, die entzückt und verstört
Wenn man denn ihr Strullern hört
Es hieße mal Schmerzen unterdrücken
Und nicht ständig dumpfe Worte zücken

Man könnte auch mal malen
Und sich nicht in Sätzen aalen
Erfüllt denselben Zweck
Und erspart uns manchen Dreck

Februar 2017

Hinfälliger Abfall

hinfälliger Abfall
abfällige Hinfälligkeit
kleinmütige Mutlosigkeit
mutlose Schwermut
hartnäckige Impertinenz
impotente Sorglosigkeit
eklatante Selbstüberschätzung
fallsüchtige Gefallsucht
schweißtriefende Tunten
behaarte Schweinebäuche
aufgedunsene Blaslippen
wippende Spitztitten
überspannte Glanzstirnen
verdorrte Gehirne
zugepiercte Langschamlippen
Tattoo verhunzte Orangenhaut
stumpfblickende Wesen
denaturierter Flat   Mai 2017

Schubidu[6]

Einen Menschen aus dem Dreck zu ziehen
bedeutet vorerst alles Schlechte aus ihm zu verbannen

Sein schlechtes Karma selbst zu erkennen
gibt ihm die Macht sich selbst zu retten
Selbstreinigung ist stärker als Fremdintervention
Deswegen lasse man besser alle in ihrem Dreck sitzen

Sie kommen schon raus
wenn sie nur die Gesetze der Tilgung verstehen
Wenn sie lernen, den Schubidu zu tanzen

Ergo hilfst du den Dreckskerlen mehr
wenn du sie tanzen lehrst
als sie gewaltsam ihrem Unrat zu entreißen
Es ist nur eine Frage der Zeit

Manch einer ging rasend unter,
weil er das System nicht schnell genug verstand
Manch einer ließ die Brühe hinter sich
und stieg auf wie eine Rakete,
da er klar Schiff zu machen verstand

Mit zwei Luftlöchern im Schädel
stell er sich vor die Brandung hin,
blase sein Gehirn leer
und tanze dann den Schubidu   Oktober 2017

---

[6] Auszug aus dem unveröffentlichten Tagebuch (2017-2018) des
Autors

Empörung

Unglaubliche Ignoranz
Unerhörte

Unaussprechliche Impertinenz
Vertrackte

Dummdreiste Indifferenz
Bemitleidenswerte

Ewig gestriger Reaktionismus
Brandgefährlicher

Völlige Empathielosigkeit
Zur x-ten Potenz

Fiese Umgangsformen
Zum Abwinken

Asoziale Gier-Geier
Verfluchte

Verfressene Nachbarntöter
Verrohte

Indoktrinierte Hysteriker
Unverständliche

Pathogene Irrwitzler
Verdammte

Verblödete Regulierer
Festgefahrene

Arrogante Analphabeten
Respektlose

Störenfriede
Halsabschneider
Säckelschinder
Kinderschänder
Massenmörder
Kriegstreiber
Weltenzerstörer
Haut ab
Verzieht euch
Verschwindet
Verrecket

Ihr sollt in eurer stinkenden Pisse ertrinken
An eurem ekligen Geruch ersticken
In eurem widerlichen Dreck verfaulen
Bis alle Winde der Welt
Euch ins schwärzeste schwarze Loch des Universums
verblasen haben
Dann hab ich wohl -kurz- wieder mal meine Ruh'

Oktober 2017

Ach du lieber Schüttelreim

Ach du lieber Schüttelreim
Nichts als alter Rüttelschleim
verpestest schöne Sätze
Erlauchter Söhne Schätze   Januar 2018

Ernte

Ohne Säen keine Ernte
Ohne Ernte keine Samen
Ohne Samen kein Säen
Ohne Säen keine Ernte   April 2018

Sprache

Ich sagte mal Lyrik sei Urin
Konzentrierter Poetenschweiß
Helas! Wie wahr! Ja! Lyrik ist Essenz
Sprachliche Essenz des Seins

Wenn's nämlich keine Poeten gäbe
Gäb's keine Hüter unseres Schatzes
Des großen Schatzes unserer Worte

Ohne uns, da gäb's ja nur mehr Schrott
Wörterschrott und Sprachkretins
Termini technici-Konstrukte
Rezeptoide Normensprache
Ohne Reflexion und Kreativität

Streicheln sollst du uns, Poeten
Streicheln, hegen, pflegen, lieben
Lieben bis zum Spracherguss
Sonst ist's mit dem Reichtum Schluss
Schluss mit Reichtum der Gedanken

Sprache, du weise Amme unserer Ideen
Halte deine Dichter hoch
Wir werden es dir danken
Und mit uns alle anderen,
Die dich weidlich ehren   Juni 2018

Risi und Konsorten:[7]

Grundsätzlich sollte man die Interpretation historischer Fakten Wissenschaftlern überlassen. Historikern, Politikern, Archäologen, Politologen Soziologen, Philologen etc. Die haben ihr Fach, den Meistern gleich, gelernt und wissen, wie man mit vorhandenen Quellen umgehen soll und darf.

Selbsternannte Gelehrte, Schulabbrecher, Klosterbrüder und Gesellschaftsflüchtlinge tendieren zu gefährlichen, unfundierten Phantastereien, die die Menschen noch mehr verwirren als die ohnehin schon verwirrende Realität aller uns umgebenden Fakten.

Obendrein sind deren Pseudoforschungen, die meist nicht an den Primärquellen orientiert sind, nicht auf Wahrheitsfindung ausgerichtet, sondern basieren auf puren Vermutungen, Effekthascherei, Selbstinszenierung und letztlich Geschäftemacherei.

Es sei die Frage in den Raum gestellt, ob diejenigen, die anderen Weltverschwörung vorwerfen, nicht selber im Begriffe sind, eine Parallelwelt der Weltverschwörung durch dummdreiste Fakten- und Wortverdrehungen zu erschaffen.

Indes, die Parallelwelten der Mystiker, Esoteriker und quasi-Erleuchteten existieren auf unserem Erdball seit es Menschen gibt und waren wohl bis zum Zeitalter der

---

[7] Armin Risi, Schweizer Esoteriker. Einer der vielen Vertreter von Verschwörungstheorien

westlichen Aufklärung die Hauptwelten der globalen Ge-
dankenwelten. Sie gipfelten mit Ihren Dogmen aber in
Glaubensrichtungen und Religionen, die tausendmal ge-
fährlicher für die Menschheit sind als alle 9/11's, Ba-
taclans und Charlie Hebdos zusammen. Wozu beschäfti-
gen sich so viele Menschen heute immer noch mit ähnli-
chen Hirngespinsten, wenn die Geschichte aller Mysti-
zismen und Religionshysterien zusammen gezeigt hat,
wie gefährlich sie sind.

Was zählt, ist gesunder Menschenverstand, Scharfsinn,
Logik und Kenntnis der Prinzipien der Wissenschafts-
theorie.

Descartes, Didérot, Rousseau, Voltaire, Kant, Lessing und
Leibnitz sollten nicht umsonst gelebt und gedacht haben.

Juli 2018

seventy 2

seventy 2
und jå keine ruh

hie und då
a flott's haserl

fia's gmiat
a guat's glaserl

fia'd xundheit
a klõan's schaserl

mea braucht's net geem
fiar a füllig's reif's leem   September 2018

Yes, we can…oder: nur keine Modalitäten

Yes, we are. That's the story
Oder auch: Yes, we do!
Nicht **können** oder **wollen** ist die Frage
Sondern: Einfach tun!!!   Oktober 2018

Reim an Chaim[8]

Oh mein lieber Chaim
Dann lass die Suche bleim
Es gibt sie wohl, die Jungen
Zwitschern flink mit losen Zungen
Viel anders als unsere Gilde
Bist sicher schon im Bilde

Rechtsauffassung

Jeder Mensch hat das Recht
ernst genommen zu werden.
Er muss dieses Recht
aber nicht zu jeder Zeit
und an jedem Ort
voll beanspruchen   Oktober 2018

Sülzebein

Sülzebein, Semmelhaut und Warzenbrust
Vergellen schnöde Kümmerlust
Ach, hätt ich vorher das gewusst
Hätt' mir erspart viel Frust   August 2018

---

[8] Hubertus Chaim Tassati am 16.10.2018, zu meiner Anregung, doch junge Nachwuchsschreiber zu aktivieren: „Oh mein Hannes, wenn das so einfach wäre! Du weißt ja, wie das ist mit der Literatur. Bei den Lesungen kommen ja kaum Junge um sie anzuwerben"

gaugau

wann I den gaugau net het
ollewai in da frua
um ochte umanaund
do kennat I mi net bodn
in der grauslich'n briah
und schoggolad speim
mea ois wia
mea ois wia a schwindlige grod

November 2018

Alles nicht so bedeutend

Keine Bedeutung
Unbedeutende Beiläufigkeit
Wegdeutig
nichtsdeutig
abdeutig
Hinfällig
Gefällige Hinfälligkeit
Hinfällige Gefälligkeit
Scheiß Schreiben - Besser atmen
Mich schmerzen die Schmerzen
Morgen Neurologie stationär –
Schulmedizinischer Checkup
Meiner Schwindelattacken
Schwindelig schwindeln,
seit den Windeln

Mai 2017

Charybden und Chimären

Breche in meine Kruste wie Pappe im Nebel
Fresse mich durch zum Grunde der Gedanken.
Erscheinen opulent und subtil zugleich.
Mit glitzernden Tentakeln docken sie an.
Bereit, mich zu verschlingen.
Wie kalt fließend' Metall
gießt sich ihr Strom über mich.

Im Flux und Reflux gewaltiger Wogen
eines silbrigen Metallmeeres
wächst ein Feld gleißender Ähren, aufflackernder Ideen,
blinkende Ballone, im Nichts des Alls zerberstend.
Ideenstränge verfangen sich im Geäst der Strukturen
und wachsen sich zu gigantischen Sturmgewittern
der Energie aus.

Ich bade in diesem Schmelzofen
wie ein kecker Strauß im Kalaharisand
und rolle mich ein, puppe mich ein,
im steten Strom der Begriffe,
die mich in die Lüfte tragen
und mich die Grenzenlosigkeit
der Konstrukte spüren lassen.

Immer voran durch Katarakte
und Charybden geistiger Kraft.

Wie stark sie doch sind,
diese immerwährenden Intrusionen!
Lassen kaum Zeit,
mich des Augenblicks der Kreation zu besinnen.
Meist ist das, was dann endlich vollbracht,
in der Kürze eines Wimpernschlages passé.

as Neue scharrt schon,
polternd hinter den Scheunentoren der Denkknäuel,
die sich wie monströse Wurmnester zusammenballen,
um dann rauschend, als goldener Wasserfall,
alles zu umglänzen,
in einem Aurabogen der Gewalten.

Die Gewalten des Ich's
- dann endlich in dichte Kokons verwoben -
bahnen sich so tastend, watend, schreitend,
manchmal zerstörend
durch die Zukunft, die alles verschlingt,
was je gedacht und geschaffen.

Ich bin, ich sei, ich wäre dort oder hier,
im Aspekt der Konjunktive verheddert,
wie der zackige Barsch in der Weidenreuse
oder schelmisch entflitzt, wie der schlanke Aal,
der sich seit Äonen
sämtlicher Tötungsmethoden entzieht

und selbst, wenn durch Walzen zermalmt, noch unent-
wegt schlängelt und zittert.

Ich kann mir aussuchen, ob Barsch oder Aal.
Ob lebend gefangen oder zitternd zermalmt,
es führt letztendlich zum selben Resultat.
Nur, der Algorithmus ist in dem einen
oder anderen Fall grundverschieden.
Die Wege führen in beiden Fällen über das Ziel hinaus.

Die Gedanken sind es, die mich ermächtigen,
schnöde Ziele zu umgehen,
um unentwegt den einen Weg zu gehen,
der mich magisch durch die Weiten zieht.
Mich erhebt, Weiten zu durchfliegen,
wie schillernde Libellen über den Grenzen des Horizonts.

Hältst du dich an Zielen zu lange auf,
vergisst du gewiss deinen Weg.
Wenn du den Weg vergisst, dann gibt es kein Ziel mehr,
bei dem du verweilen kannst,
wie die Ratte am Aas der verkrüppelten Chimären,
die alles vergiften,
selbst die widerstandsfähigsten Kreaturen.

Ergo sag ich euch, nähret euch redlich
an euren inneren Kräften
und folget dem Befehl eurer Gedanken und Träume.

Sie sind die Essenz Eurer Wege,
auch wenn sie scheinbar ins Nichts führen.
Dass es aber das Nichts gar nicht gibt
und niemals geben wird,
ist des gelehrigen Schülers notwendigste Erkenntnis.

Feber 2019

Mei Tram

Mei Tram is kloar:
Nu a guat's Schmauserl gekocht
Nu a knusprig's Fischerl schnabuliert
Nu a blondes Scherzerl zamoimt
Nu an resch'n Hump'n vaschlürft
Nu a poar Weis'n auf da Gitarr g'schmeichelt
Nu a scheene Zweisamkeit vahöchet
Nu a sinnreich's G'dichterl aussazaubert
Nu schnö Wald und Wiesen durchflog'n
Nu vü g'locht mit meine Liabst'n
Hoit nu an reich'n Tag erlebt zu homb'n
Bevor I mi an seinem Ombd
in die ewige Nacht ummischleich
Des is mei Tram
Damit I den Austritt net versam
Steh I olleweil zu meim Tram
jahrein-jahraus, tagein-tagaus
jahrein-jahraus, tagein-tagaus   Jänner 2019

37

The filthy brew

A little bit of
Racism, Fascism Hitlerism
Some grains of
Wahabism, Salafism, Terrorism
A shady idea of
Stalinism, Leninism, Putinism
A tiny mist of
Oligarchism, Separatism, Zionism
A fingertip of
Islamism, Fundamentalism, Fanatism

Popeism, Exorcism, Dogmatism
Vandalism, Gangsterism, Monopolism
Militarism, Imperialism, Nationalism
Maoism, Totalitarianism, Isolationism
Satanism, Sexism, Brutalism
Capitalism, Trumpism, Avarism

And all the foulish breed

The filthy brew is nearly made
Other -isms lurking in the shade
The pot is shaking
Uproaring and aching
Following an evil code
It's ready to explode   April 2019

Trumpocalypsis

Trump parades
Trump grenades
Trump stockades
Trump crusades

Overtrumped rules
Overtrumped moral
Overtrumped people
Overtrumped world

Trumpery accursed
Trumpery dispersed
Trumpery at its worst
Until global burst   April 2019

Bis zum bitteren Ende

Sie brennt immer noch
Kohle der Urzeit
Sie verstrahlen immer noch
Meiler des Unheils

Sie fliegen mehr und mehr
stählerne Vögel des Wahnsinns
Sie gröhlen durch die Landschaft
stinkende stählerne Lastesel

Sie verstopfen Stadt und Land
Vehikel der steten Ortsveränderung
Verstinken, verpesten, verschandeln,
Zerstören, ersticken, überwärmen

Bis der letzte Brocken verkokst
Der letzte Winkel verseucht
Der letzte Tropfen verbrannt
Der letzte Fluss gestaut
Der letzte Fisch verendet
Die letzte Lunge verätzt
Der letzte Mensch krepiert

Dann aber, dann dürfte mal lange Zeit
kranke Ruhe herrschen
bis zum nächsten Blühen
vor dem nächsten Wahnsinn   Mai 2019

Heute im Allibert

Was seh' ich da verzerrt
in meinem matten Allibert
schemenhaft erblick ich
ein haarig wuchernd Dickicht

Die Tränensäcke prall
Verknautsche Zonen überall
Die Augen verwutzelt und verklebt
Und dennoch: dieses Etwas lebt

Today in my Allibert

What kind of rotten pervert
Is grinning from my allibert
In the shadow hardly visible
I'm feeling hairly miserable

puffy eye bags in despair
crushed areas ev'rywhere
My lids crumpled and glued
however, still living and
longing for food   Mai 2019

der mã, des fehlerhåfte wes'n

a mã is a fehlahåftes wes'n
des is amoi so
bei mia üwahaupt sea duachdringend
schwea ausz'hoid'n

åwa I wüü oafåch fehla håm
sunst warad I jå a fisch
der niagends ãeckt
dea üweroi duachischlupft
nix redt und nix dait
net zum graif'n,

saukoit und schlaimi is
so a fisch, a schlupfriga
då bin I liawa eckig
speckig und prall
an aufrega a lauda
dea sei papp'n net hoidn kã
dea schallend låcht
wauns wås zum låch'n gibt
und dea a drenz'n kã
wauns wos zum drenz'n gibt
dea a oamoi schwaig'n kã
waun eam danåch is
den oft koana vastẽ måg
weil a daun wieda so g'schait dahea redt
und hitzig is wia r a ross
den fisch mecht I segn
der se voa sovü kråft
net g'schami unta saim Stoa vasteckt
und vastöat seine baazaug'n
der wöt entgegenroit   November 2019

Cave!

Indizien eines Machtmissbrauchs

(lyrisches Pamphlet)

Hörigkeit
Vorauseilender Gehorsam
Bedingungslose Akzeptanz

Vernunft begrenzt
Unbewusstes regiert
Führer als Heilsbringer
verbreitet Angst,
befreit vor Angst,
hat die Lösung
Aufgabe der Individualität
Verschmelzung zur Masse
Kein Denken und Hinterfragen
Der Führer übernimmt
Verdacht bewusster Dramatisierung
von Fakten
Die Zeit des 68er Freiheitsdenkens,
- vorbei!
Bedingungsloses Funktionieren
wieder angesagt
Grundrechte, weggewischt
Perspektiven düster
Wiederholungsgefahr
und gesteigerte Dreistigkeit drohen

Printmedien und TV
unterstützen Angstparolen
Das Handeln des Führers
wird nicht kritisch hinterfragt
Medien verkommen zu
Sprachrohren der Exekutive
Regierungsgesetz April 2020:
Sonder-Medienförderung
von 32 Millionen!!
Kriterium: Auflagenstärke,
nicht Qualität
Ergo: Covid-Boulevardblattförderungsgesetz
Keine nennenswerte Opposition
Kritiker werden als Idioten, Quertreiber,
Feinde der Gesellschaft bezeichnet
Denunziation und Blockwartetum geht um,
bis in Wohnzimmer und Gärten
Jeder Mitläufer wird
zum passionierten Verteidiger
der herrschenden Doktrin
Hygienemaßnahmen
werden zum Ermächtigungsgesetz,
die Gewaltenteilung auszuschalten
Sogenannte Risikogruppen
- besonders „Vulnerable" -
haben mit verschärften
Maßnahmen zu rechnen.
Sie werden stigmatisiert

Besonders bedenklich:
faschistoide Altersdiskriminierung
Eine Distanzgesellschaft entsteht
„Diese alten, vulnerablen Umweltschweine
gehören weggesperrt, zwangsgetestet,
zwangsgeimpft und zwangsverwanzt."
Judensterne und online Trackingsysteme
sind sich verdammt ähnlich.
Wer kein Smartphone besitzt,
bekommt einen Schlüsselanhänger verpasst.
Wer keinen Schlüssel hat: subkutaner Chip?
Ach Orwell!
Welch Waisenknabe Du doch bist!

In einem Rechtsstaat
wäre grundsätzlich alles erlaubt,
was nicht verboten ist.
In einer panikgelenkten Masse
wird jeder zum Jäger
der schändlichen Abweichler
Sie verbietet sich selbst
und anderen noch mehr,
als offiziell ohnehin schon verboten
Sie radikalisieren sich
Orte igeln sich freiwillig ein
und machen Abschottungsfleißaufgaben.
Im Staub kriechende Over-Achiever!
Der gelobte österreichische Heldenweg!

Fortschreitende Devolution
hin, zum Typus „Volkslemming"
Der „so einen brauchen wir auch"- Ruf
der Deutschen Bildzeitung
kommt fataler Weise sehr   einem
„so einer wie der Hitler
muss wieder her"-Ruf gleich
Der Ruf nach einem,
der hart durchgreift, aufräumt,
ohne mit Augenmaß zu handeln.
„Der wird auf diese Weise
sicher unser Klimaproblem
und auch die Flüchtlingsfrage lösen".
Hier müssen wir auf der Hut sein.
Weder Deutschland, noch Österreich,
hat einen neuen „Aufräumer" notwendig
Ein biologisch bedingter Ausnahmezustand
kippt ins Autoritäre.
Das darf nicht mehr passieren!
Der neue Führer
wurde künstlich hochgefahren
und mit viel Nimbus ausgestattet.
Er glaubte sich dadurch ermächtigt,
ein funktionierendes Gesellschaftssystem
auf fast Zero hinunter zu fahren,
ohne sich der Folgen bewusst zu sein.
Nimbus sei Dank.

Es bremst ihn niemand ein.
Er sprenkelt zudem,
zur Befriedung,
Geld unter die Massen,
das ihm nicht gehört
und das die Gesellschaft
mit großer Mühe
über die Jahre wieder rekuperieren muss.

Die Mitläufer huldigen ihm für das Ganze.
Das ist das Fatale!
Der Nimbus-behaftete Führer
schränkt gesunde Urteilsfähigkeit
der Geführten total ein
Man lässt ihn, seine „Experten"
und Gefolgsleute gewähren

Wir müssen sehr auf der Hut sein!
dass sich eine derartig
überzogene Machtausübung
nicht bei kommenden Kasualitäten
wiederholen wird.

Im Zeitalter der politischen Trampeltiere
an den Schalthebeln der Macht
können wir nicht aufmerksam genug sein.

März/April 2020

Hi boys and girls!

Pandemie?
Alte einsperren?
Coronastarre?
Kurzarbeit?
Mitarbeiterkündugung?
Massenarbeitslosigkeit?
Amateur Politiker?
Milliardenversenkung?
Wirtschaftzerstörung?
Scheidungskinder nicht zum zweiten Elternteil?
Fehlanzeige!
Küsse mit Enkeln? Dégoûtant!
Schulung, Ausbildung eingestellt?
Irgendwelche schnell kopierte Arsch-Worksheets ersetzen das schon!

Fitness abgeschafft? Keine Studios offen!
Panem et circensis im Hades?

Friedliche Café Haus Partie mit Verlängertem und Marmelade Croissant ? Mord!

Würschtelstand. Was ist das? Eklige Zusammenrottung!

Döner mit Brot und Zwiebeln? Fehlanzeige!

Änderungsstube um die Ecke? Nema ništa! Forget your rotten pants!

Alles geschieht nur für die Alten?
Frechheit! Reinste Projektion und Ablenkung von wahren Problemen.

Zwei Alte machen an einem Bache Picknick! Was für Gefahr! Versprühen schon Forelle & Co Coronas?

Ein ganzer Staat verfällt in Hysterie wegen eines rotzfrechen Virus, der solange sucht, bis er satt ist und sich von keinen irgendwie gearteten Regularien eindämmen lässt.

Die nähere Geschichte wird zeigen, aus welcher Kasse die Regierung die Zeche zahlen lassen wird. Steuerversprechungen abgeschafft!

Vor dem Tode bewahrte Alte zahlen mit ihrer, für lange Zeit nicht mehr inflationsbereinigten Pension, fleißig an der Zeche mit.

Leute, bleibt cool!

Der Tod kommt sicher, aber nicht so schnell, wie prophezeit. Mit Viren hat die Menschheit schon immer kämpfen müssen. Sie sind virulent und das permanent! Unser Immunsystem widersteht dem schon, wenn man es nur lässt. Mit im Hause zum Fressen, Saufen und Scheißen verbannten Leibern geht das aber keinesfalls !

Dass wir uns aber von dieser relativ harmlosen Corona derart ins Gebet nehmen lassen, grenzt an hunk chunk. Bleiben wir verantwortungsvoll selbstbestimmt und nicht verantwortungslos fremdbestimmt.

Euer Mr Cool

P.S.: Es wird ausdrücklich darauf hingewiesen; dass es sich bei diesem Beitrag um ein literarisches Pamphlet handelt und somit der mir verfassungsmäßig zustehenden Meinungsfreiheit unterliegt. Jedwede sicherheitspolizeiliche Maßnahmen gegen meine Meinung sind somit nicht verfassungskonform und werden mit allen mir zur Verfügung stehenden Mitteln verfolgt

Veröffentlicht 19.03.2020 facebook. Von Content Managern am selben Tage gelöscht

Wer behütet uns?

Abwarten, Frustlage

Ohnmacht der Unmächtigen

Übermacht der Mächtigen

durch das Volk

Hände gebunden

Ungutes Gefühl im Magen

Unglückliche Wahl der Mittel

Fehleinschätzung der Fakten

Leiden überall

Zerstörte Strukturen

Wer behütet uns

Wer achtet auf uns

Wenn nicht wir selbst   März 2020

oh virus

oh virus
du bist nicht das problem
das problem sind wir

oh virus
du schürst keine angst
angst schüren wir

oh virus
du machst nicht krank
krank machen wir

oh virus
du tötest nicht
töten, das machen wir

oh virus
du rottest nicht aus
das machen wir

oh virus
du schaffst uns nicht
und wir schaffen dich nicht

oh virus
du willst einfach leben

leben, so wie wir

oh virus
wir sollten gemeinsam glücklich sein
und uns nicht ständig zanken

und ein jeder sollte den andern
leben, krank sein und sterben lassen
wie, wo, wann und woran immer es ihm gefällt

wer da zu viel dazwischen geht
hat βιόσφαιρα, das Leben, nicht verstanden
und richtet am End' viel Schaden an
April 2020

Arschkriecherei dreisprachig

Arschkriecher

Jedes Volk verdient
den Arsch an der Spitze,
der proportionell zum Ausmaße
seines eigenen Arschkriechertums steht

Asshood

Every stately entity
deserves its ass on top
exactly in proportion
to the amount
of its own asshood

Léchage

Chaque peuple mérite
son cul supérieur
proportionnellement à la mesure
de son propre degré lèche-cul   April 2020

DIOGENES IN SILVAM

Lieber lebte ich
in einem hohlen Baume,
mit nichts
als Rindenholz umgeben
Ernährte von Maden mich
und manch Gewürm
Badete genüsslich mich
in meinen Exkrementen.
Genösse den
schwül - modrigen Hauch
meines Wirtes,
als noch länger,
an schmuckem Orte,
von Vollidioten umgeben,
leben zu müssen   April 2020

EXERCERE ET DILIGERE

PANEM
VINUM
CIRCENSIS
COGITATIO ESSERE EST
COITUM DILIGERE
ATTENTIO
ATTENTIO
SEMPER ATTENTIO EXERCERE   April 2020

Ein Tag wie jeder andere

Ein Tag wie jeder andere
Dennoch ein anderer Tag
Ein bisschen wie jeder Tag
Aber eigentlich ganz neu
Und noch nie dagewesen

Wenn das Neue daran aber
immer wieder als déjà vu erscheint,
Ist es Zeit, Zeit sich zu ändern.
Ansonsten trübt sich dein Sinn
und vertrocknet dein Herz   Mai 2020

Sind wir wirklich behütet?
Wie demokratisch ist unser Staat noch?

Wir müssen auf der Hut sein,
hier und heute.
Die Grundrechte,
das höchste Gut des Staatsbürgers,
sind in größter Gefahr.
Unsere Verfassung sagt klar und verständlich:
„Österreich ist eine demokratische Republik.
Ihr Recht geht vom Volke aus."
Dieses Recht des Volkes
auf direkte Ausübung von Demokratie,
wird seit Jahrzehnten mit Füßen getreten
und ist auf sporadische Gänge
ins Wahllokal reduziert.
Ein Kreuzchen hier, ein Kreuzchen da
und das war's dann mit der Demokratie,
die vom Volke ausgeht.
Schon am nächstfolgenden Tage
beginnt eine beschämende Maschinerie
zu laufen, bestehend aus:
Lügen, Hick Hack, Protektionismus,
Nepotismus, Korruption,
persönlicher Bereicherung, Willkür,
Verschleuderung von Steuergeldern,
Freiheitsberaubung und Bespitzelung der Bürger,
politische Kastenbildung,

dummes Geschwätz in den Parlamenten,
Ausübung von Macht und Verantwortung
durch politische Laienbrüder
und permanente Beugung
der verfassungsmäßig garantierten Grundrechte.

Die Macht der Gewählten führt dann
regelmäßig zur Ohnmacht der Bürger.
Das Volk, durch dessen Vertrauen
diese scheinheiligen Laienbrüder von
freundlichen Heilsverkündern, vor der Wahl,
zu korrupten Lügnern und Demokratiezerstörern,
nach der Wahl, mutieren,
wird dann eine ganze Legislaturperiode
gegängelt und an der Nase herumgeführt.

Das ist unser gesellschaftliches Dilemma heute.
Es wiederholt sich von Legislaturperiode
zu Legislaturperiode,
ohne Aussicht auf Besserung,
aber jedes Mal
mit ein paar Unzen mehr an Freiheitsentzug

Wenn wir nicht auf der Hut sind,
bewegt sich unser unkontrolliertes
kapitalistisches und politisches System
hin zu Oligarchie und Totalitarismus.

Dieses System hat schon längst eine
rote Linie des Erträglichen überschritten
und muss von Grunde auf revidiert werden

Den Grundcodex eines demokratischen Zusammenlebens
hätten wir mit unserer Verfassung
und den Grundrechten ja zur Verfügung.
Das können wir so lassen.
Was wir brauchen, ist eine systemische
Neuordnung der Exekution unserer
Codices durch integre Fachleute, die während
ihres Dienstes an der Gemeinschaft
einer permanenten Kontrolle durch eine
parteilose Bürgerkammer ausgesetzt
werden sollen und regelmäßig
über ihre Tätigkeit Rechenschaft ablegen sollen.
Dafür sollen sie auch gebührend entlohnt werden.
Bei Nichtentsprechung oder Verfehlung
erfolgt Entlassung aus dem Amte.
Offensichtlich funktioniert die Gewaltenteilung
in unserem Staate nicht mehr
Legislative und Exekutive verschwimmen
zu einem Einheitsbrei,
der sein Tun der Systemerhaltung
der Ausführenden verschrieben hat.
Die Opposition ist kaltgestellt und
hadert paralysiert mit ihrem eigenen Schicksal.
Die Judikative schläft und lasst gewähren

Der Bundesspräsident schläft mit,
spielt die Rolle eines fürstlich entlohnten Staatsnotars
und lächelt milde und zufrieden von oben herab
Was ist das für ein trauriges Zerrbild
gelebter Demokratie!
Es bedarf einer umgehenden Revision
dieses ineffektiven Staatskarussells
Weder das Kabinett noch das Parlament
haben die uneingeschränkte Macht im Staate zu haben
sondern eine neutrale Bürgerkammer, die permanent
das operative System eines fachkundigen Staatsmana-
gements kontrolliert,
quasi als viertes und wichtigstes Element
in einem neuen System von *checks und balances*
Begeben wir uns in die Obhut unser selbst,
dann schaffen wir das!   Juni 2020

Lebenslieder

Mutter Gag

Mutter und mutige Frau
Du weißt es genau
Ein Ruf der tausend Gaben
Kann ein Mann nie haben

Ohne hehren Glorienschein
Sollst Frau und Mutter sein
Weiter den Kindern geben
Sonst an in Freiheit leben

Aber auch mal den Mann befeuern
An rauer Haut dich scheuern
In dies od' jener Lage
Bis an deine selig' Tage   Mai 2018

Süße am Abend

Er versprüht Blicke
Herbtiefe Blicke
Durchbohrt mich
Durchbohrt meine Stille
Hehre Stille am Abend
Am Abend meiner Tage
Tage holder Süße
Tage bitterer Plagen
Tage reger Taten
Tage voller Freuden

Freude verbleibe
Auch Du, herbe Süße
Süße am Tage
Eines regen Abends
Fraktaler Glanz
Frischer Brisen
Die meine Süchte
Meine heißen Süchte
Entfachen und nähren   Mai 2018

Zaudern

Wo ist dein Zaudern
Dein ewig lahmes Zaudern
Haltung, nichts zu tun
einfach alles sein zu lassen

Du aber musst ständig
Ständig mit allem
Mit allem immer fertig sein
Immer fertig mit allem

Du musst immer Neues
Immer Neues beginnen
Beginnen und zerspinnen
Zerspinnen mit all dem Neuen

Halt inne und warte
Warte auf nichts
Nichts wird kommen
Als dein Innehalten   Mai 2018

Dahingerafft

Schenk mir noch n'en Humpen ein
Lass mich langsam volle laufen
Egal ob roter oder weißer Wein
Ich will mich heut' besaufen

Meine Gurgel zieht begierig
Grünlich herben Sonnensaft
Das Glas in Händen schmierig
Langsam schwindet meine Kraft

Die Hände zitternd beben
Tropfen aus den Poren schießen
Was sind denn das für Reben
Die da zehrend in mich fließen?

Spür' mein Blut aus Adern fliehen
Blässe färbt sich dunkelgrün
Schlieren durch die Augen ziehen
Jetzt wird mir Schlimmes blüh'n

Schwankend rutsch ich von der Bank
Reiß das Tischtuch aus den Klammern
Ich fühl mich elendig sterbenskrank
Ich hör mich röchelnd jammern

Des Magens Inhalt brodelnd gärt
Robbe mühsam aus der Ecke
Jäher Ruck durch's Gedärme fährt
Speie sprühend auf die Decke

Die ich grad vom Tische reiße
Kann mich einfach nicht bewegen
Fühl, Ich lieg' in eigner Scheiße
Eine Menge raunt sich mir entgegen

Man zerrt mich in das Nebenzimmer
Jetzt schwindet aus mir letzte Kraft
Seh' statt Leuten nur mehr Schimmer
Von tumber Sucht dahingerafft   Juni 2018

Lucifer

Oh Lucifer
entfahre schwarzer Schlünde
entweiche maßlos heißer Tiefen

Erhelle polternd meine Seel'
und schleud're meine Fesseln frei   Nov 2018

Lebenslicht

Solange wache Nischen
Horte universellen Lichtes
In meinem Geiste herrschen
Solange sie dunkle Mächte
Und graue Mönche überblenden
Solange wird Dasein herrschen

Ich bin Jäger meines Lichts
Geboren, um alle Strahlen der Welt
Alles Leuchten der Sterne aufzusaugen
wie ein gieriger Schwamm

Ich bin Hüter meines Glanzes
Ich bin Heger meines Scheins
Ein Leuchtturm meiner selbst
Der nagenden Brandung trotzend
Ewig stehend – niemals fallend
Solange ich meiner Mission gehorche
Juni 2018

Balsam

Oh du Balsam meiner Lenden
Wann nährst du wieder meine Haut
Mit deinen sanften Händen
Und gibst dich ganz vertraut   Oktober 2018

Fastenlied[9]

Magen versaftet und versuppt
Leber feucht gewickelt
Gedärm' unbarmherzig geleert
Lieg' ich hier in meiner Zelle
Spür' durch dickste Mauern
Pure Beseeltheit des Hauses
Von ehrwürdigen Schwestern verströmt.

Dennoch denk ich an Salzburg
An reges Leben überall
Wartet Freunde, warte Stadt
Bald wird sich mein Magen,
Meine Leber und meine Seel'
Im Schwalle über euch stürzen
Und euch wieder gierig schlürfen

---

[9] Von meiner Fastenwoche im Kloster Wernberg, Oktober 2018

Sehnsucht

Ist Sehnsucht stete Suche ?
Ist Sehnsucht hehre Sucht?
Es steht in keinem Buche
Spürst sie stets mit Wucht

Wohl Gier nach warmer Ferne
Wohl Gier nach wüster Haut
Ein Strahl gen' kühle Sterne
Bis bald dein Licht ergraut

Sobald du sie erklommen
Sobald du sie gespürt
Macht Ferne dich benommen
Bald heim von ihr geführt

Nach Haus' in schmucken Garten
Nach Haus' an heimlich Herd
Du kannst es kaum erwarten
Und machst gleich wieder kehrt

Sehnsucht atmet aus der Seele
Sehnsucht wühlt in deinem Geist
Entweicht erst dann der Kehle
Wenn endlich du nach Eden reist

Oktober 2017

Fråg an Dod'n net

Fråg an Dod'n net wia spat's is
Erstens wissen'ses meistens net
Und zweitens rendn'sa so leise
Du kinnast kaum wos aunfaunga damid

Du valiast so vü Zait dabai
I sog das ehrlich
Kloa kinnast woat'n bis er aufwåcht
Und se de modrigen Zähn't putzt håt

Owa, håst da schon amoi übalegt,
Wia's waa, wauns't söwa
Einfåch söwa auf irgend a Uhr schauatst
Auf a Uhr de do irgendwo umanaundaliegat

Irgendwie deng I ma
Deng I wia, dass da de Zaitansage eh wuascht is
Du wüst den Dod'n nua a wengal stöan
Oder schaun, ob er schau g'schtoam is

Oder du wüst einfåch nua schatzn
Einfåch schatzn mid eahm
Åwa I worn di
Tode wean grantig wenn'st das stöast

Sie bestimmen söwa waunn's red'n wolln

Üwa des oane oda aundare Thema
Owa üba'd Zait woin's sicher ned red'n
De gibt's bei eahna so söt'n   Mai 2019

cold rancher

could raincher overroull
in se keitchen, yard and stoull
walls and floors verpickt
haite wiad am houf beglickt

es is a schiacha Bauer
a wüada Umanaundasauer
deinkt nua auns deicken
vaströümt am Houfe blaunken Schreicken

ounentweigt stöüt ea sai valaungen
med sainen mounsterzaungen
se cowboys and se maiden scream
a beim waib moucht ea heiftig steam

neimmt sei imma weieda hea
bis eindlich saine Kirschal lea
daun leigt ea sei grouggy neieda
ouwa moug'n huuat ea seicha weieda

neixt'n taug stüamt ea duach de zeimmer

ma höhrt a lais's geweimmer
owa da schiache baua findet kane
olle vasteggt, ea füht se gaunz allane
ea houit souglaich sain Stoutz'n
ea kaun souwas nehmlich neit vapoutz'n
daun schrait ea „vareickte beista!"
„I daschiaß aich olle – asta la veista

Tod des Soldaten

Traurige Augen toter Häuser
Durchbohren sein müdes Herz
Scharfe Gerüche brennender Schlote
Verätzen sein morsches Gemüt

Tausende Körper, schmerzverzerrt
Im Abendlicht, beim blutigen Bach
Gequält im Sande verscharrt
Verströmen vermummte Schreie

Ohnmächtig erblickt er die Häscher
Donnernde Kanonen hämmern
Blitzende Dolche morden
Weinende Kinder vergehen

Beißender Staub kriecht durch seine Poren
Versteinert sein trüben Blick
Sein Gesicht zerfällt in Fetzen

Seine Gebeine verbiegen sich im Sturm

Gebückt schleicht er dahin
Reißt sich die Kleider vom Leibe
Stürzt sich in sein Bajonett
Und lächelt mit dem Abendwind dahin

Sept.. 2019

Trauer

Was tun, den Weg zurück zu finden?
Zu Harmonie und warmen Händen
Zur Willkommenheit, zu Freuden?
Diese Trauer, ein Unglück

Glück zugleich jedoch
Zeigt sie doch in Tiefe
Die unvergleichliche Tiefe
Der Liebe, die ich fühl'

Dennoch bohrt der Verlust
Das Blut weicht mir aus den Adern
Ein flammend Schwert
Rührt in meiner Mitte

Tagein, tagaus
Meine Seele zermürbt
Trüb der Blick

Ein Bild der Trübnis

Herr, zeig mir den Weg
Den Weg zur Klarheit
Ich kann's kaum ertragen
Am liebsten wär' ich trunken
Volltrunken, wie ein Lappen,
den Schmerz zu vergessen
Am End' hoff' ich auf die Zeit
Die alles wäscht

Noch ist's aber nicht so weit
Zu nah die Nähe
Zu frisch die Freuden
Sie kleben an mir

Hartnäckig wie rosa Leim
In lauen Hüllen
Geheimes Sehnen allerorten
Die Seele verschnürt

Wie heiße Pappe
Am Packet der Leidenschaft
Der Sendung harrend
Im Nirgends verbucht   Sept 2019

Hafen Volosko im späten September

Masten tanzen
Unter Möwenschwingen
Gestalten hasten in Konobas
Am Hafen fritto misto Aromen
Dr. Feelgood genießt ein Konzert
spanischer Gitarren
Die aus dem Hause schwingen
Wie secret tunes aus Andalusia
Gracias! Hvala!
I mog's   Sept 2019

Lied aus Istrien[10]

sommergedarrte olivenbäume
rattern ihr vivendo
im trockenen herbstwind
genieße an der steinmauer
den erdigen chardonnay
mit ein paar oliven
öl und brot
die gewuzelten Nudel
mit kernigen trüffeln
schon dampfend am tisch

---

[10] Oktober 2019 beim Agroturismus Tikel

Profumo del mare[11]

Profumo vivo del mare
Penso che dovrei stare
Se restassi a lungo qui?
Il mio cuore dice di sì
Ma cosa dirà la gente
quando non sarò più presente?
Non posso occuparmi di tutto
ma certo di questo prosciutto
che si presenta sul piatto celeste
e mi rende contento prima le sieste

Dopo la prima siesta - stesso modo:
Comincio con vermicelli in brodo
per preparare il mio stomaco fragile
per tutto quanto trovero bevibile
sulla grandiosa carta delle bevande
prendendo un bicchiere grande
di ogni vino di altissima qualità
lo consumendo con gran' tranquillità
Certo, il vino mi a fatto girare la testa
Allora sono pronto per un'altra siesta
che richiederà un sacco di ore
per eliminare tutt' il liquore

---

[11] Volosco, Istria, Oktober 2019

DA OIDE ADVENTSTÅND-STANDLER UND BABEL

STANDLER: Mundgeblasene Christbaumkugeln, Lametta, Engelshaar, Zuckerlpapier in vaschiedensten Fårben.

PASSANTEN: Oida! Wås wüst denn mit dem Junk? Låss dein P.O.S.[12] stehn und geh' mit uns zua Advent Light Show då drüüm beim Turm. Es stüht da eh neamd wås von deim Lametta

STANDLER (unbeeindruckt, aber nachdrücklich): Krippenfiguren handgeschnitzt aus Lindenholz, Bauernkripperl aus dem Pinzgau! Maria und Josef im Paar heute nua 25 Euro!

POTENTIELLER KUNDE: Nimmst du nur Cash oder håst a an Terminal zum zoin? Waßt eh, so an hobex oder wås.

STANDLER: Ausschließlich Barbezahlung bitte. (Standler, leicht entnervt) Adventskerzen, Christbaumständer, Hoizschpüzeig aus dem Lungau! Und außerdem: We speak österreichisch!

PASSANTEN: Überhaupt keine Spass location da hier. Der Typ vasteht uns oafåch net. Keine Gesprächsbalance. Måcht nix. Im Outlet draussen gibt's sowieso schaun die gaunze Woch'n Black Friday Sales.

STANDLER (insistierend)**:** Lebkuchen, Bienenwachskerzen, Salbeihonig, Mankeifett zum Einreiben, Speikseifen!

PASSANTIN ZU HANNS-PETER, ihrem Angetrauten): unglaublich! Ich war noch nie an einem Ort, wo es so viele

---

[12] P.O.S. = Point of Sale

Dinge gibt, die ich überhaupt nich' brauchen kann. Das iss ja shopping trash Übertod!

STANDLER: Jetzt zreist's ma åwa gleich de Bian. Fuck off you bloody mess! Geht's doch zu eurem scheiß Advent candle light dinner in Old St Peter's Restaurant und brennt's eich aus wia de L.E.D-BIRNDL im Wintersturm! Foat's do aussi zum Outlet und stopft's eich die shopping bags voi. Ihr merkt's ja do net, dass bei all den Schnäppchen am Ende ihr die G'schlitzt'n seids. Bedauernswerte Kreaturen!

PASSANTIN ZU IHREM HANNS-PETER: Hanns-Peter, Hanns-Peter! Ich bin eben beleidicht woadn. Hast du nicht jehört? Dieser ulkige Ösi hat sich sooo derb ausgedrückt. Hanns Peter, so sach doch was .... Hanns-Peter? (Hanns-Peter entschwindet wortlos in der Menge, die sich durch die Torbögen Richtung St. Peter schindet)

STANDLER (in sich selbst hineinmurmelnd): so eine Sippschåft! Keina kauft wås. Alle wolln's nua essen und trinken und Party machen. Wie soll I des nua dem Hermann erklären? Keine sales figures whatsoever! - Ich hätt ihm halt nicht versprechen soll'n, zwei volle Tage sein Standl für ihn zu managen. Das ist dezidiert nicht mein Business. I håb halt gedåcht es wär' eine stressfreie Abwechslung zum meinem CEO Job bei der **S**. AG. Nächste Weihnachten bin ich off shore und mach sicher wieder eine Jingle Bells Cruise auf der MS AIDA durch die Karibik und lass **dort** meine Glöcklein schellen. Adé, X-mas market!

Suhlen

Ich möcht' mich in 'nem Bette suhlen,
Das unter schwülen Leibern ächzt
Mich an heißen Schlünden laben
Die nach hehrer Sünde duften
Mich baden in bitter-süßem Honiggold
Heftig' Pochen tief im Inner'n spüren
Mich wüst verlier'n in tierisch' Trieb
Bis zur Ohnmacht
und das ….den ganzen Tag,
bis die finst're Nacht mich frisst
und mich am kalten Morgen
in den herben Alltag spuckt   Februar 2020

Nichtaufstehenwollen - Song

Die Federn sind so wohlig warm
Wollen mich bei sich behalten
So bin ich reich und gar nicht arm
Genieß' von fern den Berg, den kalten

oder als: **Daunenhaiku**

Federn wohlig warm
so will ich innehalten
fern der kalte Berg

Ein Tropfen Liebe nur

Ein Tropfen Liebe nur
und aus totem Herzen
entspringen Ranken
kalter Rosen
die sich in das Fleisch
der Sehnsucht bohren

Am warmen Blute
deines Glanzes
labe ich mich
trunken bleich
und vergehe sanft
wie rosa Perlen   April 2020

Begegnungen

Begegnung mit Handke

Traf den Handke bei der Pforte
Geknickt, am Weg zu seinem Horte
Der Mönchsberg lag im Sonnenglanze
Ich hob gleich an zum Plaudertanze
Was mir aber schnell verging
Da Handkes Antlitz tief im Regen hing
Wir nickten uns verhalten zu
Jeder hatte somit seine Ruh
Sich durch den Tag zu schieben
Ich im Klaren, er im Trüben   Juni 2018

Begegnung mit Hemingway

Good old Hemingway
Hat nun nicht mehr weh
Er ging ganz krass von hinnen
War zum Zeitpunkt nicht bei Sinnen
Mit ,nem Mojito hat er sich verabschiedet
War sein letztes großes Lied
Sang's in einem dicken Guss
Und gab sich dann den Schuss   Juni 2018

Begegnung mit Thomas Bernhard

Der alte Thomas Bernhard
In seiner selt'nen Gangart
Macht sich meistens rar
Geht nur noch ins Bazar
Vergräbt sich in der Presse
Verzieht spöttisch seine Fresse
Sagt dem Herrn am Nebentisch
Was für'n großer Arsch er isch

Juni 2018

Begegnung mit Trakl

Seh' den Trakl durch den Friedhof schweben
Die fahlen Knochen in den Gräbern beben
Starre Blicke durch Arkaden streifen
Dunkle Oden im Gehirne reifen

Singen von süßen Aasgerüchen
Und todesnahen Engelsflüchen
Rosenrot die Kränze schweigen
Weise Seelen in die Wolken steigen

Trakl möchte' so gern mit ihnen flieh'n
Muss noch manche Gasse spät durchzieh'n
Und manch' welken Garten
Todesengel müssen hungrig warten

Er sollt' noch einige Momente schildern
Und reich mit seinem Wort bebildern
Zu zeigen, was das Dasein in sich birgt
Wenn's mit schöner Sprach' gewirkt

Juni 2018

Symbolhaftes

Marlene

Ach wär ich doch mit dir
Mit dir bei Marlene gewesen
Hätte ihre seidene Haut gefühlt
Gefühlt wie sie dich verzehrt
Verzehrt mit schlagenden Blicken
Mit zärtlichen Händen
Mit rauschenden Beinen
Lianengleich verschlungen
Verschlungen wie Schlangen
Dampfend im Sinnesgewühl

Wie sehr hätte meine Brust
Meine sehnende Brust gebebt
Gestöhnt und geröhrt bis in den Boden
Meiner abgründigen Seele

Ich hätte mit euch die Höhen
Die lüsternen Höhen des Eros
Des pochenden Eros erklommen
Mich in eurem Schlangennest
Eurem aromigen Nest der Verschlungenheit
Schlingend verwoben

Verwoben zu einem Cocon
Unentrinnbarer Schwüle
Triefend vor Lust und Begehr

Begehr nach Teilen und Scheiden
Trennen und Bleiben
Bleiben im Gold der Fleischeswürde

Bis zur Unendlichkeit der Lüste
Einer lüsternen Gier
Gierigen Trinität der Sinne
Auf ewig zerstäubt im Raum
Der lauernden Zeit   Mai 2018

Der Engelswald

Sie erhoben aus knöchriger Grube sich
Hin zum Wald der gläsernen Engel,
Bei jedem Hauch zittrige Flügel schwangen
Klappernd mit fremden Schultern stritten
Ein schauriges Konzert der Sinne begann

Hin zur Halle der schaukelnden Häupter
Murmelnde Tschetniks erhoben tote Kinder
Und tanzten den Tanz der Derwische
Gekrümmte Hundekadaver, feierlich platziert
Durften der Verscharrung harren

Hochgesang der Traurigkeit
stritt um die Gunst der Wartenden
Die Fette im Rollstuhl vor Inbrunst erbebte
Erhob sich schielend, den Engelstanz zu wagen
Ihr wuchsen schwarze Flügel,
die um die Wette flatterten
Mit grauen Mannsgestalten
in düsterem Erzgewand

Adlerengel fuhren gierig spitze Krallen aus
Ergriffen schwarze Kindersärge
Verschwanden schwingend in der Grube
Als Topping gab's Hundekadaver
In Ocker Bandagen eingehüllt
Platz genug für alle darin Wohnenden.
So tanzten sie zusammen
Engel Flügel, Menschen
Bis in die ewige Nacht   Juni 2017

Haiku 435

Gesegnet seist du
Nimm die frohe Kunde an
Himmel- und Höllenqual

Haiku 436

Das Leben schreibt dir
Schreibt Dir deine Sage vor
Du schwimmst einfach mit

Haiku 437

Stacheldraht im Fleisch
Die Gerechten ohne Mut
Blutig jedermann

Haiku 438

Suche tief in mir
Ergreife meine Seele
Bleib für ewig dort

Sieben Fünf-Sieben- Fünfer

Nachmittagssonne
Badet tänzelnd im Flusse
Meine Augen, blind

Festung grau und schwarz
Steigt wuchtig aus dem Glanze
Schwach der Dohle Flug

Gestalten fliehen
Im Schutze der Platanen
Rindenschuppentanz

Eisig Kälte heult
Mit dem Wind um die Wette
Winselnde Brücken

Purpurwolken weh'n
Verschreckte Sonne schwindet
Fensterkreuz im Licht

Er stößt die Türe
Mit wuchtigen Tritten auf
Und kehrt zitternd ein

Schnell ein Becher her!
Schräge Schatten fliegen schon
Verzehren jeden Schluck

Die alte Buche

Sieh da die alte Buche
lädt mich zum Besuche
und dort die edle Eiche
von der ich ungern weiche
auch die schlanken Fichten
können es mir richten
aber nicht so sehr
wie das stolze Laubesheer

Buchen, Eichen, Birken
ihr möget lange wirken
und eure Sach' da machen,
milde durch den Äther lachen
über schnöde -o- und -iologen
dummdreiste Demagogen
Bande von Politokraten
mit ihren Pseudodaten   April 2020

Rosenrot

Dann stand sie nun rosenrot vor ihm
Er entblätterte sie behände,
labte sich am Quell ihres Nektars,
der zäh wie Lava an seinen Wangen erfror
                                    Mai 2020

Briefe
Kommunikation
Reden

Eindrückliche Rede an das Kollegium[13]

........räusper, räusper, ähem, gurgel, furz, frotz, frotz ...

Kollegen und Kolleginnen!

Aus gegebenem Anlass beginne ich meinen Diskurs mit einem Exkurs, einen Exkurs in die Dogmatik der Themen.
Die Dogmatik der Themen inkludiert eine syntaktische Zäsur von epochaler Signifikanz. In impermeablen Axiomwelten glättet sich jedoch meist ihre Insuffizienz. Trotzdem, meine Damen und Herren, sollte eine Katharsis der Fraktalevolutionen die synergetischen Effekte aller Parameter zu einem Megaresultat induzieren. Ansonsten, ansonsten erfährt die absolute Normalentwicklung eine abrupte Spontanabweichung, die die Chronologie der Prozesse um Dekaden rekursieren kann.
Genau vor dieser Gefahr habe ich immer schon gewarnt!
Conclusio in allen Fällen soll sein, dass wir die logische Einsicht haben, dass ein Schaden immer erst dann wirksam wird, wenn die Zäsur der Themen zu schnell entdogmatisiert wird.
Viel einfacher kann man es wirklich nicht ausdrücken! Ihr Blödschädel, Arschzutzler, hässliche Individuen, vertrottelte!
ERGO COLLEGAE, AD OPERANDUM!   November 2018

---

[13] Oktober 2017, nach einem Auszug aus dem unveröffentlichten Tagebuchs (2017 - 2018) des Autors

Darauf die Antwort des ergriffenen Habilitanden Dr. iur. Peter Bönsch:

Lieber Herr Professor!

Deine mich ergriffen habende und auch noch weiterhin ergreifen werdende, wenn nicht sogar später noch ergriffen haben werdende Sermonität, hat mich schon während der Audition deines Pamphletes mit einer plötzlich auftretenden Indikation von "agressio ridens" und damit verbundener "insuffiencia urinalis rapida" humoriter und fast schon astraliter durchdrungen!
Ich danke Dir für deine ehrlichen Worte und werde selbiger stets eingedenk sein! 7. Nov. 2018

Antwort des Professors:

Lieber Bönsch, Professor in spe!

Deine rezidivierende Ergriffenheit anlässlich meines rezenten Kolloquiums über die Dogmatik der Themen ehrt mich sehr. Deine „insufficiencia urinalis" aber bringst Du am besten weg, wenn Du Deinen „risus pathogenicus" angesichts meiner ernsten Thesen amiciter zu supprimieren gedenkst, um dich mehr Deinem „fluxus urinalis" widmen zu können.

Memento: DEFRICATUS URINA SEMPER LIBERAT!
FONS PRINCIPIUM, nov. 2018

Brief an Maria Redolfi[14]

[14] Von: Maria Redolfi. Gesendet: Samstag, 25. November 2017 18:33
An: stiegler hannes
Betreff: Heutiger Mittag - Nachmittag

Hallo lieber Hannes,
das war heute was besonderes!
Die Musik sehr - die Texte auch.
Natürlich Deine am Meisten.
Jetzt höre ich gerade eine Sendung über Charles Aznavour......

So viele Momente sind da heute wach geworden, wie besonders es
war, dass Du in Paris studiert hast.
Das war schon was sehr imposant für mich, als Kind und wie stolz
Deine Mutter auf Dich war.
Ich hab nur gestaunt und Deine Mutter so "cool" gefunden wie sie
alles verteidigt und gut findest was Du machst.
Meine Erinnerung an sie, ist so beeindruckend, sie hat einfach gesagt
was sie denkt.
Ich erinnere mich so gut wie sie unter unserem Wohnzimmerfenster
gestanden ist und geschimpft hat über den "Alten" und an Dich ein-
fach geglaubt hat. Und auch sonst so Vieles.
Das ist es was mich Dir verbindet.
Der Text über Deinen Vater hat mir auch gefallen.
Hab mir gedacht, vielleicht wäre es heilsam auch über meinen Vater
so zu schreiben.
Ich freue mich, wenn ich wieder mal von Dir höre.
Alles Gute
Maria Redolfi-Kirchmair

Liebe Maria!

Es freut mich ganz besonders Deine Zeilen zu lesen
Wir haben zwar als Nachbarskinder damals nicht so viel
Kontakt gehabt, dass Du aber jetzt meine Tätigkeiten
verfolgst, ist schon eine schöne Sache.

Ja, ich hatte in meiner Mutter einen immerwährenden
Freund und auch mein Vater war im Grunde mein
Freund, nur konnte er es nie zeigen. So waren unsere
Väter nun mal.

Bei der Beschäftigung mit seinem Leben und seinen Er-
zählungen im Altersheim habe ich ihn erst richtig ken-
nen- und, als Vater, lieben gelernt. Beim Schreiben umso
mehr. Gute Idee von Dir, das vielleicht auch so zu ma-
chen.

Bitte gib mir Deine Adresse durch. Ich schicke Dir das
Buch „Der Hauch der Gewesenen", wenn Du es noch
nicht hast. Da kannst Du sehen, wie ich das Thema Vater
bewältigt habe.

Vielen Dank nochmals
Liebe Grüße
Hannes

Da ist in der Tat viel Wahres drinnen aber grottenschlecht verfasst mit grauslichen Errata![15]

<u>Zur Sache:</u>

Wenn man in der Tat die Altvorderen ignoriert und sogar verbannt, nimmt man einem Organismus die Wurzelstöcke und damit die Verbindung zu den äußeren Adhärenten. Eine Hoh-Ruck Juvenil Hysterie, wie sie da ein emporgespültes Läckäffchen mit seiner orientierungslosen Partycommunity demonstriert, kann gehörig nach hinten los gehen, da nach vorne zu viel heiße, substanzlose Luft rausgeht.

So klar, wie der Vorsprung der Bewegung derzeit medial propagiert wird, wird er bei der Wahl sicher nicht sein. Wir können uns nach der Herbstwahl neuerlich auf ein kümmerliches Hick Hack der gewählten Unfähigkeitsträger gefasst machen, das an Peinlichkeit vorangegangene österreichische Legislaturpossen früher oder später gehörig übertreffen wird. Schauen wir uns meinen Text nach einiger Zeit nochmals an und vergleichen dessen Aussagen mit der zukünftigen Realität. Ich bin schon gespannt.

---

[15] In Beantwortung eines Artikels zu S. Kurz und die Bewegung von GR. i. R. Journalist i. R. Josef Ebersteiner

SMS-UNGEN IM SOMMER

Von: Hans Pokorny **Gesendet:** Sonntag, 10. September 2017 14:28 **An:** 'stiegler hannes' 'Bönsch Peter' **Betreff:** AW: am punkt! lesenswert !

Verabschiede mich am 18.9. Richtung Toskana, Neapel, Sizilien und Apulien und komme Ende Oktober wieder. Briefwahl jetzt ist nicht möglich, da die ja erst seit Kurzem wissen, dass gewählt wird. Deshalb überlasse ich Euch das Feld und begnüge mich mit Sudern über das mir Vorgelegte..

Liebe Grüße, Hans

Gesendet: Montag, 11. September 2017 um 09:00 Uhr **Von:** "stiegler hannes" **An:** "'Hans Pokorny'" HP Fussek „Bönsch Peter'" <p.boensch@gmx.at> **Betreff:** AW: am punkt! lesenswert !

Hallo
Ich verabschiede mich auch, 18.9. Richtung Kroatien, aber nur für eine kurze Woche. Ich weiß gar nicht wann die Wahl ist. Aber ich wähl die Kommunisten

Schönen Urlaub   HANNES

Von: "Peter Dr.Bönsch"
Gesendet: Montag, 11. September 2017 12:31 **An:** stiegler hannes
Betreff: Aw: AW: am punkt! lesenswert !

Wo kämen wir denn da hin, Stiegler und Pokorny! Ein Urlaub ist im Reich zu verbringen! Ich bleibe ja auch im Bunker! Oder höchstens vielleicht am Obersalzberg!
Ihr GRÖFAZ(Größter Feldherr aller Zeiten)

Gefreiter Benesch!

Bitte keine Köpenickiade!

Wenn der Generalstab zum verdienten Fronturlaub aus-rückt, hat er sich genießend mitzufreuen und sonst zu schweigen. Ansonsten unterliegt alles der strengsten Geheimhaltung.

Halt er mir während unserer Abwesenheit wacker die Stellung, wann er nicht schon zu zittrig zu sein geruht! Lass er sich halt in die Hosen bis hinauf zum Revers a Versteifung einnähen, sodass er aufrechter zur Magd gehen kann.

Er muss aber auch a bisserl brav sein.
Es lebe unser KFJ, der, so scheint's wieder bei der Schratt weilt, der geile Hund.

Mit diesem Staat ist kein Staat mehr zu machen. Alle sind's dahin, sonst wo oder weiß der Deibel wo.

Es grüßt Dich erhobenen Hauptes, bis zum bitteren Ende die Stellung haltend.

Dein GenMaj Johannes Edler v. Stieglhoff

September 2017

Ach du liebe SMS'S

Lieba Beda!

Danke für die schlöbvolle Überblendung
Deines Kastratikons[16].
Bin gerade dabei mich hineinzuschrügeln
Hast mich gar zum Schrunzeln bracht
Gar kein Anschleichmanöver in Heinzischer[17]
Manier
Nein, grad druff luss
Vom Anfang bis zum Schluss
Immer mit reiner Klinge
Und huldvoller Schmunzelartistik
Wie macht das der Beda?
Lg HANNES

---

[16] SMS exchange zwischen Hannes Stiegler und Peter Bönsch anlässlich der Übersendung seines neuen Buches „Heiteres Satyricon", 2017, Norderstedt am 15.11.2017

[17] Heinz ist Peters Vater, ein witzlistiger Brigadier des österreichischen Bundesheeres, der es verstand, sich mit seinem VW anzuschleichen, ohne dass man ihn bemerkte. Er hatte vor Ankunft an seinem Bestimmungsort regelmäßig den Motor ausgeschaltet und rollte im Leerlauf an. Nicht nur Spar- sondern auch Vorsichtsmaßnahme. Das hatten sie alle in der Wehrmacht gelernt. Sie ließen es nicht aus.

SMS-Exchange zwischen Peter und Hannes

Peter: waunn ea's nua aushoit, da Hons...! ;-)!
Hannes: eine wohlwollende, dezente Rustelvor-
schiebung meines Kinns ist dir gewiss, mein Rät-
selfreund. ... ich hoff, dos regt dich an ... oder er-
regt, Pardon, erekt dich gar?
P.: ...dann hat sich's allein schon gelohnt!:
H.:   .. ach wie wohl deine Worte ... und wahr...
P.:   ...Erikson? Hab ein Nokia!
H.:   Samsung
P.:   ... und das mit 71! Hut ab!

Hannes, inspiriert:

hut ab

nimm den hut ab

nimm den hut da ab

nimm den alten hut da ab

nimm den alten da ab

nimm den alten ab

nimm ihn ab

nimm ab

ab   Nov. 2017

Lieber Freund![18]

Also wenn Du mich so direkt fragst
Sind dies schmutzigste Gedanken zu Hauf
Die dich umschwirren wie Schwein

Gestank zu Gestanke
Gendank' zu Gedanke
swîn zi swîn
sôse gelimida sin![19]

Einfach so.
Bist jetzt froh?   April 2017

---

[18] In Beantwortung zu Peter Bönsch :

...ZEFIX...

Aufwachend sehe ich keinen
tagsüber rotten sie sich im Geheimen
zu finsteren Haufen zusammen
um abends dann wieder in fransigen Ballen
gnadenlos über mich herzufallen

Frage: Wer sind die und wofür sind sie gut?
Hilfestellung:
a) Es sind nicht die Bergziegen
b) Sie geh'n ganz schön auf den Geist
c) Meistens irren sie
d) Auch wenn du nachdenkst, vertreibst du sie nicht!

© Peter Boensch, April 2017

[19] In Anlehnung a. d. 2. Merseburger Zauberspruch (Ahd. ca. 8. Jhdt.). „ ....bên zi bêna, bluot zi bluoda, lid zi geliden, sôse gelimida sin!"

Feedback Peters auf das Werk „To Owe One Sikh"

Von: "Peter Dr.Bönsch" Gesendet: Dienstag, 28. März 2017 21:01 An: stiegler hannes Betreff: TO OWE ONE SIKH

Seas Hansi,

zurückgelehnt, gedankenempfangend und die Szenen stets wechselnd, vertiefe ich mich in deine geschriebenen Wunden und versuche, das Innere aus dem Freunde herauszulesen.

Besondere Berührung beim "Wanderer", Urgefühl beim "Kleid der Sehnsucht", wahre Trostliebe im "Fortgang der Tochter", vulkanspeiendes Leidenschaftssehnen in "Dionysos und Aphrodite"...bis zum adventlich zergeisterten "Schloss Funkelbrunn" und zu den ersten beiden "Gedanken", im Buch ganz vorne, die geradezu aus dir herausbrachen!

Am tiefsten geht aber der Hans-Peter in der "Fahrt zum Brennpunkt meiner Seele" in den Bauch und breitet sich nachdenklich und glückssentimental aus.

Lächeln und froh über unsere Dialoge...lautes Lachen über Horstis mail "Köstlich"(Seite 47), besonders über seine Bedenken beim Begriff "Seefood", auch wenn (im Sinne Horstis) grammatikalisch unrichtig geschrieben!....Freud und Dank!

Hab's schon zum zweiten Mal inhaliert....ABSOLUT LESENSWERT (besonders in einfühlsamer Kenntnis des Verfassers!).....CONGRATS!!!

Dein Pedrofix Poesifix

Antwort des Autors

Lieber Peter!

Zutiefst beeindruckt von Deinem profunden Feedibackix.

Wenn ich das Ding auch ohne beabsichtigte Breitenwirkung verfasst habe, so ist mir Deine Reaktion (und auch jene, die ich vor einiger Zeit von HansPaul erhalten habe) große Belohnung.

Hinan Wanderer, entfleuche mir aber nicht nach Osten.[20] Obwohl mich – wenn ich so nachdenke – die weingeschwängerten pannonischen Ebenen auch sehr attrahieren. Aber von Mondsee aus spüre ich Dich doch irgendwie besser. Wer verliert schon gerne einen Freund an die Steppe

LG
HANNES   März 2017

---

[20] In der Tat übersiedelte Peter im Jahre 2017 ins Burgenland und lebt und wirkt dort mit seiner Ehefrau in einem bescheidenen Bungalow irgendwo zwischen Lutzmannsburg und Oberpullendorf

Smserei im Sommer, HansPaul - Hannes

Von: hpfussek Gesendet: Sonntag, 31. Juli 2016 **An: 'stiegler hannes'** die frage allein schon eine freche frechheit, gleichzeitig impliziert, macht die masse euch nervös? über hans von deiner op ghört, die dich nicht zu mir rauskommen lässt, sowie auch er bereits nach italien driftend..tja, da kann ich wohl nicht mit, die lockungen, russischen substandards ziehen da wohl wenig, verbunden mit einem überaus anstrengenden bubm, den man maximal von und in der ferne erträgt. verstehe gut. werd mich, als verständiger bursch, natürlich nimmer anbiedern, den unüberhörbaren unterton dabei versteht ihr schon. alles gut. respekt. wenn auch wehmütig
...di. ab nach wien, 2 tage lesen, fritsch treffen, bin am sammeln meiner schreibsis, er will's ja alle lesen, auch neues dabei, recht nett, naja. hab grad den simplicissimus, in alter schrift, in zwei nächten durchgezogen, spannend, erhaben, ohne heuchel. ganz fein !das neue lettre wieder bannend, unglaublich tief, und einige seiten im postbus - schmidt laut gesprochen, seine briefe sind unnachahmlich. dachte mit meim identitären-leiberl werd ich gscheid provozieren in den wirtshäusern, das annähernd genaue gegenteil eingetreten. bin wie ein widerstandskämpfer behandelt worden und - von fremden leutn - auch auf das eine, andre bier eingeladen worn. gäb's noch mehr sehr intressantes zu brabbeln drüber.. erspar ich dir bellenwähler jedoch
in köln iss ja nix horribles, erwartet horribles, passiert. o wunder. lediglich die sog, "rechtsdemo" wurde gekappt. da wurden quarzhandschuhe gefunden! sowas aber auch.
1 stück nacht draußen verbracht, mit kerz'n und der 7. v. beeth., der postmodern jukebox, eartha kitt, nigel kennedy, und viel caruso, mit ächz und brezzelstaub, original, 1 stund mit dackel an der salzach (4-5 h), viele kräuter g'sammelt, g'frühstückt wie ein weltmeister, danach im bad, mit brennesselbeigaben(voll) eingeschlafen. welch schöne stunden! sanne hat die vids von günther wieder einmal angschaut und gemeint, der einzige blödel in der runde wär ich

gwesn. Aha! du hast ja am gleichen tag wie sarahs tochter stella geburtstag. (4 zu 70). ihr hab ich schon was gschickt, deiniges folgt. spannend wird ja erst dein achz'ger.
beste genesung deinem knie,
hanspaul

Lieber HansPaul!

so eine frechfeigheit unsererseits aber! war das fix wie so was? – hat noch nicht sollen sein – toute malade! kann mir vorstellen, dass es doch mal klappt – aber ich wollte nicht mit dir und der neunten im zelt nächtigen, um mir dann möglicherweise in deinem sturzbach mein knie nach hinten verdrehen zu lassen und heilkräuter roh gestopft zu bekommen, wie ein geliebter aber schlacht-reifer masterpel – das verstehst du doch? Ja, der 70er tänzelt an und ich fühl mich fast so wie. löwen sind star-ke schwächlinge im alter. sarahs jungspatz 66 jahre jün-ger als ich, und das exakt! kabbalistische fügung – magi-sche zahl 7 und zweimal sex, aufgelöst im 0 - wieso kennst du eigentlich mein gebdat?

sanne hat nicht recht mit dem „blödel" – das ist zu mäßig ausgedrückt, aber sie hat recht, dass du der „einzige" in der runde bist, wenn se recht hat, hat se recht! ansons-ten hätten ja deine diesbezüglichen bemühungen ihren sinn verloren – du schmidtlesender narziss und extrem-exaltierender, apocalypsotanzender wortcodierer dort am fluss der begeiltheit

Umarmungen Hannes   Juli/August 2016

Dankesbrief an den Freund

Lieber HansPaul[21]

War auf Seite 19 zwischen Mai und Juli 1966 schnarchend weggesackt, nachdem ich das von dir freundlicherweise per Post zugesandte Buch von Amanshauser, wie von Kehlmann im Vorwort empfohlen, an einem hellen angenehmen Ort in meinem Garten durchgeblättert hatte, da ich in letzter Zeit kaum dazu willens und in der Lage war, mich ernsthaft lesend mit Büchern zu beschäftigten, umso mehr als die zahlreichen Bücher, die Du mir bisher geschickt hast, mehr als durchschnittliche Aufmerksamkeit abverlangen und ich mich beim letzten, wundersamen Buchgeschenk gefragt hatte, wohin ich wohl diese abertausenden Zeilen wieder hinlesen sollte, wenn mein Speicher doch schon staubend aus den Fugen ächzt.

Und wieder, mein Freund, holst du mich aus der Leselethargie heraus, mit Amanshausers Betrachtungen einer Welt, zu der er nie zu gehören schien und sie dennoch und wohl gerade deswegen so vortrefflich zu beschreiben imstande war. Noch dazu mit einem von Barbara Amanshauser signiertem Exemplar. Welche Ehre. Lässt

---

[21] Replik an HPaul,anlässlich der Übersendung G. Amanshauser's Tagebuch „Es wäre schön, kein Schriftsteller zu sein", Residenz Verlag St. Pölten, 2012

mich irgendwie schnurstracks in die Seele dieses fragilen Salzburger Schreibers und Denkers eintauchen, geradewegs in die Gedanken zum Zirkus Rebernigg, der sich in seine Aufzeichnungen zum September 1966 verirrt hatte. Da lese ich jetzt, HPAUL sei Dank, weiter - bis zum nächsten tages-apnoischen Ereignis.

In Dankbarkeit Hannes   Fürstenbrunn, 17. August 2017

BeGUT-Achtungen

Text von HansPaul Fussek[22]

Ach ja früher, möglich, dieses schnelle alt und älter werden der grund übers früher zu sinnieren, so um die 17 dürft ich gwesn sein, dachte ich intensiv über diese eine sprache, die wir nie gelernt, als unterrichtsfach nie gelernt haben, diese mimik und gestik, gebärden, die ganze absätze erklärten, unmittelbarkeit , ein kleine geste mit der hand, mit dazupassender körper-kopfhaltung, die winkeln der arme dabei, die bewegung mit dem kopf und möglich vieles mehr, ließen ganze welten aufsteigen, sovieles klar verstehen.

Muškarci koji su stari misle uvijek na prošlost. Tako je!

Wer, so fragte ich mich, hat denn diese so deutliche, sprachlose, sprache erfunden ?

Waren es irgendwelche kinder, die, so beobachtete ich, sich unverständliche zeichen gaben, hinundher winkten, unvermittelt aufsprangen ohne der eine dem andren etwas gesagt hatte,

---

[22] April 2017

sie sprangen einfach auf und rannten. Oder, so ich, wurde diese verständigungsform von dieben in behelfsmäßig erleuchteten juweliergeschäften, aus einer not heraus entwickelt, die sich so immer weiter verbessernd durchgesetzt hatte ?

Auch der gedanke kam mir, es waren hochrangige politiker, die, abhörgeräte-umstellt, hinter den sieben bergen, auf weiten wiesen ruhend, sich ihre koalitionsbereitschaft signalisierten ?

Hab diese gedanken, dieses wissen wollen, im laufe der zeit vernachlässigt, die röcke der mädchen waren einfach zu kurz.

Dieser tage, über mein oft geschriebnes „ach, mit wegwerfender handbewegung„ ‚reflektierend, fand ich die wohl schlüssigste erklärung :

es waren 2 ältere männer nach cirka 40 minuten gemeinsam an der kreissäge arbeitend.

SENEM HOMINES,
LOQUUNTUR
VERBIS RECTAM

Le point crucial probablement: Le bruit de la scie nous emmène directement à la vérité
LG HANNES
April 2017

„Weißbuch"[23]

Durchbricht dröhned Dünen
und bewegt zutiefst
Reduplizierendes Konzert
Fraktaler Lieder

Jedes weitere Wort wär zu viel
Sie zu beschreiben
Bei so viel Tiefe und Begabtheit

Danke, Freund der wühlenden Worte
Danke für unauflösliche Verflechtungen
Danke für verflochtenes Tösen

Danke für famose Zeichnung
Humaner Komplexitäten
Machst vor unseren Türen nicht Halt
Baff!
Grüße Hannes

---

[23] In Beantwortung HP's „Weißen Buches" vom Juni 2017

Faksimile

Weissbuch
Durchbricht dröhnend Dünen
Bewegt zutiefst
Reduzierendes Konzert
Fraktaler Lieder

Jedes Wort mehr wär zu viel.
Bei so viel Tiefe und Talent

Danke, Freund wohllender Worte
Danke für unauflösliche Verflechtungen
Danke für verwobenen Tösen

Danke für famose Zeichnung
Humaner Komplexitäten
Macht vor unseren Türen nicht halt
Baff!?
Hannes Juli 2017

Unikat © Hasty

Antwort auf HansPaul's Brief[24]

Irgendwie schaust du in mich wie in an leichten
G'schpritzten, der ganz klar, aber schwach vor
Dir dahinperlt

Halt Dich damit nicht auf und richte Deine Sinne
auf das Gegenüberliegende, Grüne, Frische,
Bunte, Dein Innerstes

Sonst wird dir noch übel von meinem Gespeie
und Altersgeklappere.

Mir ist nicht nach Reden, das in meiner Seele
wühlt, sondern nach erquickender Brise, die ich
in der Ferne sehe

Dank auf jeden Fall für Dein G'spür
Alles Liebe Hannes [25]

---

[24] Brief vom Februar 2017 nächste Seite

Mitgefühl des Freundes:
sag hannes, kanns sein, du vegetierst nur noch rum ? ... du fällst in eine grausige traurigkeit, mit gleichgültigkeits-wunsch ? angst vor entgültiger disfunktion des bodies ?

so in etwa könnt ich mich beschreiben, allein schon`s socken anziehn macht mühe, ärgerliche, der tägliche abschied von körperlichen selbstverständlichkeiten lässt ungekannte traurigkeiten aufschießen, und wird von mir ausschließlich mit vorgeschobnem galgenhumor quittiert.

sollten wir nicht endlich den gesamten gesellschaftlichen ballast-wust beiseite schieben und reden ?

wir haben diesen irrsinn nicht gesehen, der auf uns zukommen, nicht gelernt, nur - ohne zu wissen - weggeschoben, diese unabänderliche verfallerei.
jede uns'rer gemütsäußerungen sind statthaft, dein ausspruch...
„oder vielleicht bin ich nur alt" hat mich getroffen, ins mark.

und dann erwähnst du mit einer nebnsächlichen handbewegung deinen kürzlichen spitalsaufenthalt und narkose und so scheißerei-en, so mordenden umständlichkeiten, drinn rumliegen, sich auslie-fern müssen um noch einmal atmen zu dürfen.
mir gings da wie von einem dolch ins herz gestochen !
zefix ! und : ?
liebes von deinem hanspaul

Feed back HansPaul's auf den Band „To Owe One Sikh"
(Er sinnert über die Bedeutung des Titels)

Von: hpf [mailto:fussek@aon.at] Gesendet: Mittwoch, 01. März 2017 23:26
An: stiegler hannes Betreff: AW: der gebeugte beugt behende ende !

au weh--- kost echt soviel zeit ? , och, sooo wichtig iss des ned... ja irgend...x
häng noch sehr über deinen to owe one sikh rum seit gut einer stund bemüh ich mich rauszufinden was es bedeutet, das titelchen..

... bis zu : einen sikh, (diese indischen glaubensbrüder) zu besitzen, bis - einen sikh zu schulden .. komm nix raus..
möglich, du hast in deinen jugendjahren einem sikh, ganz vollbeturbant, etwas geborgt und er schuldet dir das noch immer. oder du ihm? oder als nette redewendung, die`s natürlich ned gibt, „man sollte immer einen sikh bei sich haben" oder : „schulde nie einem sikh irgendwas, es könnte tödlich enden" oder du hast abgekürzt und es soll heißen to owe one sick horse? im sinne von so ein krankes pferd sollte eigentlich jeder besitzen, nein? naja, so flex ich vor mich hin, könnt natürlich auch bewußt wirrungen produzierend zu verstehen sein. , oder, ha, ich habs: es will, frei übertragen meinen „sei kein frosch", oder man sollte heutzutage wieder ein sickergrube haben! auch nicht? geh leck mi!

(sanne iss von deiner brennpunktstory angetanst!, nach wenigen zeilen, sie „hat hannes einen bruder gehabt?" ich drauf, „glaub ned, zumindest weiß ich, seine eltern sind nicht an einem brückenpfeiler gstorb'n", sie – „was eltern? was pfeiler?", ich - kommt dann hinten weiter, sie - a gee jetzt hast mirs verraten...)

muss doch auch noch , da's so drängend iss, drüber bissl was sagen :
die konzeption ist ein gradliniges konstrukt, passt gut. nur - viel, viel

zu früh aufgelöst. hier ein dehnen, mit vielen leicht auf die traumatische brudertödlichkeit hinweisen, ahnen lassen, vorsichtig, (erinnert an "der distelfink" v. donna tartt, ca. 1000 seiten roman, unglaublich herausragend !!, habs da, wennst willst schick ich...), will sagen ausbauen, unbedingt! macht sinn und läßt spannung, und deine kurze gschicht ist schon spannend, und richtig gut geschrieben, ja richtig feine prosa! steigern, dieses buch würde dann in der rezension unter "dem autor ist es beispiellos hervorragend gelungen, ein enstehendes trauma zu entwickeln, und mit einer verblüffenden lösung, aufarbeitung zu schließen" wir vom verlag empfehlen dieses werk als terapheutisches instrument für betroffene...so in etwa, aus jez, i owe know one sikh

hanspaul breitgrinsend Mi 01.03.2017 23:56

Lieber Hans Paul:
Lösung:

To	owe	one	sikh
= 2	0	1	6

Das Buch covert ganz einfach meine Kreationen aus dem Jahre 2016. So einfach ist das!

Ja, Kurzgeschichte sehr vortrefflich beurteilt. Ist eben mal eine Kurzgeschichte. Da steht sie halt mal als Leitmotiv. Das Leiden, das Trauma, die psychologische Auflösung können natürlich ausgebaut werden. Wer macht's und warum? Die G'schicht tut beim Lesen ja eh schon so weh! Und noch was: die G'schicht ist nich autobiographisch, null! Geht auf ein Erlebnis eines Bekannten einer Bekannten zurück.

Danke Hannes   März 2017

Abschied von HansPaul † 4. Nov. 2018[26]

Lieber Freund!

Ich bin wirklich froh, dass ich eine knappe Stunde vor Deinem Weggang noch mit Dir auf das Köstlichste kommunizieren durfte.

Ich hatte dich am Sonntag gegen Mittag, anlässlich der Herausgabe meines neuen Gedichtbandes „Unter Platanen" gebeten, einige Passagen und Korrespondenzen zwischen uns beiden mitabdrucken zu können. Ich würde Dir auch den Entwurf gleich mitschicken.

Ich solle nur schicken, sagtest Du. Ich bekäme gleich Feedback. Du gabst mir aber vorab, mit beschwingten Worten, gleich deine Erlaubnis, alles abzudrucken, was ich wolle. „Erlaubnis widerspruchslos erteilt", sagtest Du spontan.

Statt eines Feedbacks erhielt ich noch die Sprachnachricht von Dir, ja alles zu schreiben. was ich wolle und Dich ordentlich „durch den Gaugau zu ziehen", gefolgt von einem typischen HansPaulschen Gelächter de profundis. „Durch den Gaugau ziehen" werde ich Dich sicher nicht.

---

[26] Grabesrede des Autors anlässlich der Urnenbeisetzung am Friedhof Munderfing in Oberösterreich

Das hast du selbst oft zur Genüge erledigt. Du bekommst ein würdiges Platzerl in meinem nächsten Gedichtband.

Auf das Feedback auf meinen Entwurf wartete ich allerdings vergebens. Nach dem Anruf Fabians und dem Gespräch mit Susanne erfuhr dann auch warum, mein geliebter Freund.

Du bist einfach gegangen und wandelst jetzt in einem anderen axonometrischen Raum (das ist eine andere Axonometrie", pflegtest Du immer zu sagen) und rufst wohl dort drüben schon wieder „Zeter und Mordio", wie gewohnt. Wie gehabt. Let's go! Just do it! Ad infinitum!

Lass mir aber den lieben Gott in Ruhe, und alle Götter, alle Engeln, die heiligen Aposteln und sonstigen heiligen Scharen. Sie wollen Dir nur Gutes. - Aber es wird Dich nicht kümmern, dass sie Dir nur Gutes wollen. Du wirst so lange nicht ruhen bis Du nicht jedem einzelnen von ihnen Deine Wahrheiten gesagt haben wirst. Du wirst sie auch ein bisserl beleidigen nach Deiner Manier. Das bist Du Dir schuldig, Du genialer und zwanghafter Spieler aller Oktaven auf dem Klavier der Emotionen.

Ach, was hast Du mich gelobt und gepriesen. Ach, wie oft hast Du mich verflucht und beleidigt, wie viele andere die Dich liebten, wie oft hast Du mir die Freundschaft aufgekündigt, lieber Freund, Du lieber, verrückter Pfau! Du

Morawischer[27] Nächtler! … Um Dich gleich darauf wieder anzupirschen, leise und eindrücklich anzuschleichen. Ich erinnere mich genau daran wie Du mir nach einer derartigen Freundschaftsaufkündigung per Post ein großes Kuvert, voll drapiert mit allen Sonderbriefmarken, die Du wohl in Hochburg/Ach auftreiben konntest und mit unzähligen Mannerschnittenbröseln zum Zeichen Deiner Zerknirschtheit und vertrockneten Kittbröckchen (wohl einem alten Schuppenfenster entnommen) gefüllt, als Aufruf zur Wiederkittung unserer Freundschaft, übersandt hattest. So warst Du. Sei's drum.

Ich wollte Dir hier und heute nur sagen. Trotz all Deiner Entzweiungsersuche und Deinem Zeter und Mordio Gepolter war es Dir nie gelungen, Dich als mein Seelen- und Geistesfreund von mir zu entfernen. Du hattest und hast auf ewig einen großen Platz in meinem Herzen.

Unsere sprachliche und gedankliche Diktion befanden sich immer im Gleichklang und auf einer sehr hohen Ebene, die selten jemand anderer mit mir zu teilen vermochte. Ich danke Dir dafür.
Diese Erfahrung ist unwiederbringlich!

---

[27] Nach: Peter Handke. Morawische Nacht. Suhrkamp. Berlin 2008. So mystisch wie Handkes Erzählung, so mystisch ging es auch bei und in Hans Paul zu. Kaum zu verwundern, dass sein Lieblingspfau von ihm den Namen „Morawische Nacht" erhalten hatte und dieser sonderbarer Weise seinem Meister, drei Tage nach dessen Tode, nachfolgte! Ach ihr wundersamen tierischen Seelen!

Ruhe in Frieden, mein Freund.

Geh, mein lieber Freund, mit folgendem Gedichtchen aus dem Jahr 2016, das Dir immer so sehr gefiel:

Der Wanderer[28]

Warum die Liebenden wecken
Wenn ein stiller Ort mich ruft?

Keine Hände die mich tasten
Keine Lippen die mich freu'n

Keine Stimmen die mich halten
Wenn ich friedlich, Zug um Zug
Die Körperlichter lösche

Denn, wenn die Zeit gekommen,
Lasset den Wanderer stille zieh'n
Erhebet eure Hand zum Gruß

Küsset mich ein letztes Mal
Und gönnt mir getrost die Ruh'
Meine letzte Arbeit recht zu tun

---

[28] Hannes Stiegler. To Owe One Sikh. Norderstedt 2017, S. 33

Dein Garten[29]

in deinem Garten
verschwanden die Wipfel
der hohen Fichten
zu schnell im nebligen Nichts

in deinem Garten
war der Rasen
von gefallenen Blättern
bereits übersät

in deinem Garten
wuchs gestern noch
eine dunkelrote Rose
zwischen den Dornen

als über Nacht
das Purpurrot
Blatt für Blatt
zur Erde fiel

so hast du's
der Rose gleichgetan
noch nicht bereit
doch vom Dorn befreit...

---

[29] Peter Bönsch, zum Tode von Hans Paul Fussek, am 9. Nov. 2018

Replik des Autors auf Peter's Gedicht
Klingt tief nach Es minor,
spielt blass-grünes Lied,
schmeckt nach Rot auf Grau meliert,
riecht vergänglich schattig
Wo bist du, mein Freund?   Hannes Stiegler , 9. Nov 2018

Sprüche

Ich hab in meinem Leben einige Menschen vor den Kopf gestoßen und beleidigt ,...aber... ich trags ihnen in keiner Weise nach!
April 2007

Geburt, Leben und Sterben sind die größten Zufälle, die wir kennen. Jeder Tag, den ich jedes Mal erneut erleben darf, ist ein großes Wunder.
Nov. 2018

Es bedarf keiner Harmonie zwischen zwei Polen, wenn sie sehr weit voneinander entfernt sind. Das System erfordert's einfach nicht.
Dez. 2018

Kinder sind Atomreaktoren. Sie betreiben die Welt.
Dez. 2018

Weitere Werke des Autors:

<ins>Prosa und Lyrik:</ins>

Hannes Stiegler, Der Hauch der Gewesenen , 2. Auflage April 2014, ISBN 978-3-7357-9038-5, 128 Seiten, Norderstedt, 2014

Hannes Stiegler, ChronoLogisches 1967 – 2013, Lyrik Sprüche, Prosa (Auswahl), ISBN: 978-3-7357-8735-4, 125 Seiten, Norderstedt 2014

Hannes Stiegler, Tief aus meiner Seele, 51 Gedichte, inspiriert an der Lyrik Georg Trakls, 3. Auflage April 2015, ISBN 978-3-7357-3890-5, 40 Seiten, Norderstedt, 2014

Hannes Stiegler, Sinnseiten 2014 – 2015, Sinnliches, Sinniges und Sinnhaftes aus den Jahren 2014 -2015, ISBN 978-3-7347-8258-9, Norderstedt 2015

Hannes Stiegler, Reisetagebuch Marokko 2008 – 2009, Marokko kontemplativ empfunden, ISBN: 978-3-8448-0217-7, Norderstedt, 2016

Hannes Stiegler, To Owe One Sikh, ISBN 978-3-7431-6685-1, Norderstedt, 2017

Hannes Stiegler, Le tour du monde à travers la poésie francophone hors de la France, ISBN 978-3-3751-9504-9, Norderstedt 2020

Sachbuch, Wissenschaft:

Hannes Stiegler, **We Rocked Salzburg - Bands und Musiker von der Nachkriegszeit bis in die 1980er**, ISBN 978-3-902692-54-2, 160 Seiten mehr als 290 Abbildungen, Colorama Verlag Salzburg 2012

Hannes Stiegler. „Spielstätten des Jazz, der Tanz,- und Rockmusik von der Nachkriegszeit bis in die 60er-Jahre" in Thomas Hochradner / Sarah Haslinger (Hg.) **„Those Were the Days…"** Salzburgs populäre Musikkulturen in den 1950er und 1960er Jahren (S. 75 - 102), ISBN 978-3-99012-398-0, als Band 5 der Veröffentlichungen der Forschungsplattform Salzburger Musikgeschichte an der Universität Mozarteum. Erschienen im Hollitzer-Wissenschaftsverlag, Wien, 2017

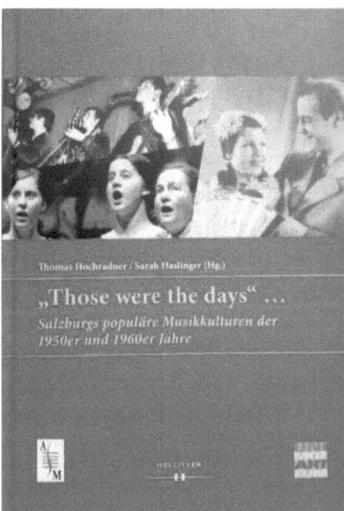

Hannesstiegler2@gmail.com